NOTICE

DES

PEINTURES ET SCULPTURES

PLACÉES DANS LES APPARTEMENTS

DU PALAIS DE SAINT-CLOUD

PARIS

IMPRIMERIE DE VINCHON, successeur de Mme Ve BALLARD,
IMPRIMEUR DES MUSÉES ROYAUX,
Rue J.-J. Rousseau, 8.

1842.

AF300273

TABLE.

—

NOTICE

DES

PEINTURES ET SCULPTURES

PLACÉES DANS LES APPARTEMENTS

DU PALAIS DE SAINT-CLOUD.

VESTIBULE DU ROI.

GUILLOIS (FRANÇOIS-PIERRE).

1 — L'Innocence ; statue en marbre.

JULIEN (PIERRE).

2 — Gladiateur mourant ; statue en marbre d'après l'antique.

BRIDAN (PIERRE-CHARLES).

3 — Épaminondas ; statue en marbre.

MAZELINE (PIERRE).

4 et 5 — Vases en marbre, ornés de figures.

LE LORRAIN (ROBERT).

6 — Vase en marbre, orné de figures. — Une chasse.
7 — Idem idem. — Un sacrifice à Diane.
8, 9, 10 et 11 — Bustes en marbre d'après l'antique.

PREMIER ÉTAGE.

Escalier du Roi.

M. SCHEFFER (ARY).

12 — Portrait équestre du Roi.

GRANDS APPARTEMENTS.

SALON.

Plafond par Antoine Coypel. — L'Histoire écrit la vie de Philippe de France (1) (*Monsieur*), duc d'Orléans.

SALON DE MARS.

PLAFOND, VOUSSURES ET DESSUS DE PORTE, par Pierre Mignard.

Plafond. — L'Olympe. — (Gravé par J.-B. Poilly.)

Voussure du côté du jardin. — Mars et Vénus. — (Gravé par J.-B. Poilly.)

Voussure du côté des appartements. — Les forges de Vulcain, en Sicile. — (Gravé par J.-B. Poilly.)

Dessus de porte. — 1° La Jalousie et la Discorde. — (Gravé par Jean Audran.) — 2° Les plaisirs des jardins. — (Gravé par Benoît Audran.)

VAN DER MEULEN (ANTOINE-FRANÇOIS), et **LEBRUN** (CHARLES).

13 — Louis XIV (2), portrait équestre.

GALERIE D'APOLLON.

La décoration de la voûte de cette galerie est de Pierre Mignard ; elle a été commencée en 1677 et terminée en 1680.

(1) Philippe de France, frère de Louis XIV, né en 1640, mort en 1701.

(2) Louis XIV, Roi de France, né en 1638, mort en 1715.

Au-dessus de la porte d'entrée.— Naissance d'Apollon et de Diane. — Latone implore Jupiter qui change en grenouilles les paysans de Lycie.

Au milieu de la voûte.— Apollon, dieu du jour.— Le triomphe du Soleil.

A droite et à gauche de la voûte. — Les quatre saisons :

Le printemps. — Flore et Zéphyre.

L'été. — Les fêtes de Cérès.

L'automne. — Les fêtes de Bacchus.

L'hiver. — Borée et ses fils.

A l'extrémité de la galerie, au-dessus des fenêtres :

Le Parnasse. — Apollon et les Muses.

Dans le milieu de la voûte, entre les grands tableaux :

1° Circé, fille du Soleil.

2° Clymène conduit son fils Phaéton à Apollon.

3° Apollon montre à la Vertu le temple de l'Immortalité.

4° La chute d'Icare.

Entre les grands tableaux à gauche et à droite de la voûte. — Huit médaillons peints en bronze ou en camaïeu :

1° Apollon et la Sibylle ; bronze.

2° Apollon et Esculape ; bronze.

3° Apollon et Pan ; camaïeu.

4° Apollon et Marsyas ; camaïeu.

5° La nymphe Coronis ; camaïeu.

6° Daphné ; camaïeu.

7° Cyparisse ; bronze.

8° Clytie ; bronze.

Côté de la cour :

Au-dessus de la fenêtre.—Médaillon de Louis XIV (1), avec cette devise : SOLIS OPVS.

Inconnu.

14 — Vue de Malte, prise devant le fort Manoël.

15 — Vue de Malte, prise devant le fort Saint-Elme.

RYSBRACK (PIERRE).

16 — Chasse au loup.

DUMONT (JACQUES), dit LE ROMAIN.

17 — La Paix; figure allégorique.

Au-dessus de la fenêtre. — Des fleurs, par Baptiste Monnoyer.

VERNET (CLAUDE-JOSEPH).

18 — Marine.

COYPEL (ANTOINE).

19 — Allégorie à la gloire de Louis XIV.

Au-dessus de la fenêtre. — Médaillon sans figure. — *Emblème :* une fusée enflammée, avec cette devise : CHI M'ACCENDE M'INALZA.

CANALETTO (ANTONIO CANAL, dit). (*École vénitienne.*)

20 — Vue de la place Saint-Marc, à Venise.

École française.

21 — Paysage.

(1) *Voir la note* page 6.

WATTEAU (ÉCOLE DE).

22 — La leçon de musique.

Au-dessus de la fenêtre. — Des fleurs, par **Baptiste Monnoyer**.

CANALETTO (ANTONIO CANAL, dit). (*École vénitienne.*)

23 — Vue de l'église de Saint-Zacharie, à Venise.

École française.

24 — Paysage.
25 — Diane.

Au-dessus de la fenêtre. — Médaillon de Louis de France (1) (*le Grand Dauphin*). — *Emblème* : une étoile devant le soleil, avec cette devise : CORAM MICAT VNVS.

PANNINI (GIOVANNI PAOLO). (*École romaine.*)

26 — Les vendeurs chassés du Temple.

BERTIN (NICOLAS).

27 — Acis et Galathée.

CANALETTO (ANTONIO CANAL, dit). (*École vénitienne.*)

28 — Vue de Venise.

PANNINI (GIOVANNI PAOLO). (*École romaine.*)

29 — La piscine.

BERTIN (NICOLAS).

30 — Jupiter et Léda.

---

(1) Louis de France (*le Grand Dauphin*), fils aîné de Louis XIV et de Marie-Thérèse d'Autriche, né en 1661, marié en 1680 à Anne-Christine-Victoire de Bavière; mort en 1711.

BOUCHER (FRANÇOIS).

31 — L'enlèvement d'Europe;

Au-dessus de la fenêtre. — Des fleurs, par Baptiste Monnoyer.

MOUCHERON (ISAAC).

32 — Paysage.

ROBERT (HUBERT).

33 — Paysage. — Un portique de l'ordre dorique.

BOUCHER (ÉCOLE DE).

34 — Jeux d'enfants. — La pêche.

Au-dessus de la fenêtre.—Médaillon de Louis XIV (1). — *Emblème* : un porc-épic sur un bouclier, avec cette devise: TOT TELA QVOT HOSTES.

VAN SPAENDONCK (GÉRARD).

35 — Des fleurs dans une corbeille.

COYPEL (NOEL-NICOLAS).

36 — Diane et la nymphe Eucharis.

École française.

37 — Portrait de femme (époque de Louis XIV).

Au-dessus de la fenêtre. — Des fleurs, par Baptiste Monnoyer.

VANDAEL (JEAN-FRANÇOIS).

38 — Fleurs et fruits.

(1) *Voir la note* page 6.

MAROT (FRANÇOIS).

39 — Enlèvement de Déjanire.

École française.

40 — Portrait de femme (époque de Louis XIV).

Au-dessus de la fenêtre. — Médaillon de Marie-Thérèse d'Autriche (1), Reine de France. — *Emblème :*
la lune, avec cette devise : TODOS ME MIRAN YO A VNO.

MOUCHERON (ISAAC).

41 — Paysage.

ROBERT (HUBERT).

42 — Paysage. — Ruines d'un temple de l'ordre
ionique.

École française.

43 — Jeux d'enfants.

Au-dessus de la fenêtre. — Des fleurs, par Baptiste
Monnoyer.

GIORDANO (LUCA). (*École napolitaine.*)

44 — Allégorie à la gloire des arts.

VAN DER MEULEN (ANTOINE-FRANÇOIS).

45 — La bataille de Cassel. — « L'armée du prince
» d'Orange (2) défaite devant Mont - Cassel par

(1) Marie-Thérèse d'Autriche, fille unique de Philippe IV,
Roi d'Espagne, et d'Élisabeth de France, née en 1638, mariée en 1660 à Louis XIV, Roi de France, morte en 1683.

(2) Guillaume-Henri de Nassau, alors stathouder de la
république des Provinces-Unies, depuis Guillaume III, Roi
d'Angleterre, né en 1650, mort en 1702.

» l'armée du Roy, commandée par *Monsieur* (1),
» duc d'Orléans, en 1677. »
Esquisse du tableau original.

CANALETTO (ANTONIO CANAL, dit). (*école vénitienne.*)
46 — Vue de la place Saint-Marc, à Venise.

LEMOYNE (FRANÇOIS).
47 — Hercule et Cacus.

VAN DER MEULEN (ANTOINE-FRANÇOIS).
48 — Saint-Omer, « vu du côté du fort de Bournon-
» ville, assiégé et pris par l'armée du Roy, sous le
» commandement de *Monsieur* (1), duc d'Orléans,
» en avril 1677. »
Esquisse du tableau original.

VERDIER (FRANÇOIS).
49 — Vénus et Adonis.

Au-dessus de la fenêtre.—Médaillon de Louis XIV (2).
— *Emblème :* le soleil, avec cette devise : NEC PLV-
RIBVS IMPAR.

CANALETTO (ANTONIO CANAL, dit). (*École vénitienne.*)
50 — Vue de Venise. — Une fête devant le palais
ducal.

LAHYRE (LAURENT DE).
51 — Paysage. — L'ânesse de Balaam.

(1) *Voir la note* page 6.
(2) *Voir la note* page 6.

NATOIRE (CHARLES).

52 — La Charité.

Au-dessus de la fenêtre. — Des fleurs, par Baptiste Monnoyer.

CANALETTO (ANTONIO CANAL, dit). (*École vénitienne*).

53 — Vue du palais ducal, à Venise. — Escalier des Géants.

RAOUX (JEAN).

54 — Pygmalion.

École flamande.

55 — Officier des troupes espagnoles (époque de Louis XIII).

Au-dessus de la fenêtre. — Médaillon de Louis XIII (1), Roi de France. — *Emblème :* le soleil, avec cette devise : IN ROREM ET FVLMINA.

A l'extrémité de la galerie, au-dessus des deux fenêtres, à droite et à gauche du portrait d'Anne d'Autriche. — Des fleurs, par Baptiste Monnoyer.

DUCHESNE.

56 — Anne d'Autriche (2). Reine de France et de Navarre.

Côté du salon de Diane et de la chapelle :

Au-dessus de la porte. — Médaillon d'Anne d'Autriche (2), Reine de France et de Navarre. — *Emblème :*

(1) Louis XIII, né en 1601, mort en 1643.

(2) Anne d'Autriche, fille ainée de Philippe III, Roi d'Espagne, et de Marguerite d'Autriche, née en 1601, mariée en 1615 à Louis XIII, Roi de France, morte en 1666.

une grenade, avec cette devise : MON PRIX N'EST PAS DE MA COVRONNE.

CANALETTO (ANTONIO CANAL, dit). (*École vénitienne.*)

57 — Le Doge de Venise sur le *Bucentaure*, abordant à l'île de Lido.

RESTOUT père (JEAN).

58 — Nymphe se réfugiant dans les bras de Diane.

École flamande.

59 — Officier des troupes espagnoles (époque de Louis XIII).

Au-dessus de la porte. — Des fleurs, par Baptiste Monnoyer.

CANALETTO (ANTONIO CANAL, dit). (*École vénitienne.*)

60 — Le Doge de Venise se rendant à l'église *Santa-Maria della Salute*.

VERNET (CLAUDE-JOSEPH).

61 — Paysage. — La bergère des Alpes.

NATOIRE (CHARLES).

62 — Agar dans le désert.

Au-dessus de la porte. — Médaillon de Philippe de France (1) (*Monsieur*), d'Orléans. —*Emblème :* une grenade qui éclate dans l'air, avec cette devise : ALTER POST FVLMINA TERROR.

École française.

63 — Halte de voyageurs à la porte d'une auberge.

(1) *Voir la note* page 6.

BERTIN (NICOLAS).

64 — Jupiter et Danaé.

VICENTINI (ANTONIO). (*École vénitienne.*)

65 — Vue du grand canal, à Venise.

École flamande.

66 — Intérieur de corps-de-garde.

BERTIN (NICOLAS).

67 — Psyché abandonnée par l'Amour.

DETROY fils (JEAN-FRANÇOIS).

68 — Hercule délivre Prométhée.

Au-dessus de la porte. — Des fleurs, par Baptiste Monnoyer.

ALLÉGRAIN (ÉTIENNE).

69 — Paysage composé.

ROBERT (HUBERT).

70 — Paysage. — Un pont sur un torrent.

COYPEL (NOEL-NICOLAS).

71 — Apollon et Vénus.

Au-dessus de la porte. — Médaillon d'Élisabeth-Charlotte de Bavière (1) (*Madame*), duchesse d'Orléans. —*Emblème* : la flamme allumée sur l'autel, avec cette devise : ET CASTIS ALITVR CVRIS.

(1) Elisabeth-Charlotte de Bavière, fille de Charles-Louis, premier duc de Bavière, et de Charlotte de Hesse-Cassel, née en 1652, mariée à Metz en 1671 à Philippe de France (*Monsieur*), duc d'Orléans ; morte en 1722.

VAN OS (JEAN).

72 — Des fleurs.

COYPEL (NOEL-NICOLAS).

73 — Vénus demande des armes à Vulcain.

NATOIRE (CHARLES).

74 — Flore.

Au-dessus de la porte. — Des fleurs, par Baptiste Monnoyer.

VAN OS (JEAN).

75 — Fleurs et fruits.

MAROT (FRANÇOIS).

76 — Jupiter et Sémélé.

NATOIRE (CHARLES).

77 — Zéphyre.

Au-dessus de la porte. — Médaillon de Philippe de France (1) (*Monsieur*), duc d'Orléans. — *Emblème :* des abeilles et leur reine en tête, avec cette devise : ET SOLO IVBET EXEMPLO.

ALLÉGRAIN (ÉTIENNE).

78 — Paysage.

ROBERT (HUBERT).

79 — Site composé.

COYPEL (NOEL-NICOLAS).

80 — Arion.

(1) *Voir la note* page 6.

Au-dessus de la porte. — Des fleurs, par Baptiste Monnoyer.

GASTIELS.

81 — Vue de Paris vers 1560. — La tour de bois ou du Grand-Prévôt, la galerie du Louvre, le vieux Louvre, la tour de Nesle, etc.

BOULLONGNE (BON).

82 — Pan et Syrinx.

MARIESCHI (JACOPO). (*École vénitienne.*)

83 — Vue de Venise. — Entrée du grand canal.

GASTIELS.

84 — Site composé.

BERTIN (NICOLAS).

85 — Persée et Andromède.

NATOIRE (CHARLES).

86 — Triomphe de Bacchus.

Au-dessus de la porte. — Médaillon de Philippe d'Orléans (1), duc d'Orléans, Régent du Royaume. — *Emblème* : un aiglon qui s'échappe de son nid, avec cette devise : ET IAM SPE FVLMINIS ARDET.

BELLOTTO (BERNARDO). (*École vénitienne.*)

87 — Vue de la grande salle des séances au palais ducal, à Venise.

1) Philippe d'Orléans, né en 1674, mort en 1723.

École française.

88 — Paysage.—Apollon garde les troupeaux d'Admète.

REGNAULT (JEAN-BAPTISTE).

89 — Scène du déluge.

Au-dessus de la porte. — Des fleurs, par Baptiste Monnoyer.

CANALETTO (ANTONIO CANAL, dit). (*École vénitienne.*)

90 — Vue de la place Saint-Marc et du palais ducal, à Venise.

École française.

91 — Paysage. — Site composé.

LEMOYNE (FRANÇOIS).

92 — La Fécondité.

Au-dessus de la porte. — Médaillon sans figure. — *Emblème:* une perle dans une coquille sur le bord de la mer, avec cette devise : INSERTA CORONA DAT DECVS.

VERNET (CLAUDE-JOSEPH).

93 — Paysage.—Le soir; effet d'orage.

École française.

94 — Allégorie à la gloire de Louis XIV (1).

Au-dessus de la porte. — Des fleurs, par Baptiste Monnoyer.

Inconnu.

95 — Vue du grand port, prise de la Valette, à Malte.

(1) *Voir la note* page 6.

96 — Vue de la Valette, de la Floriane et du fort Saint-Elme, prise de Vittoriosa, à Malte.

RYSBRACK (PIERRE).

97 — La chasse au cerf.

DUMONT (JACQUES), dit LE ROMAIN.

98 — La Force ; figure allégorique.

Au-dessus de la porte. — Médaillon d'Anne - Marie d'Orléans (1) (*Mademoiselle de Valois*), depuis Duchesse de Savoie, Reine de Sardaigne. — *Emblème* : une rose dans un vase, avec cette devise : JE SUIS DÉSIRÉE EN NAISSANT.

SALON DE DIANE.

PLAFOND ET VOUSSURES , par Pierre Mignard.

Plafond. — Diane, déesse de la nuit.

Voussures. — La toilette, la chasse, le bain et le sommeil de Diane.

M. FRANQUE (PIERRE).

99 — Henri IV (2), Roi de France et de Navarre.

M. BADIN (PIERRE-ADOLPHE).

100 — Louis XIII(3), Roi de France et de Navarre.

(1 Anne-Marie d'Orléans, troisième fille de Philippe de France (*Monsieur*), duc d'Orléans, et de Henriette-Anne d'Angleterre, sa première femme, née en 1669, mariée à Versailles en 1684, à Victor-Amédée II, duc de Savoie, roi de Sardaigne ; morte en 1728.

(2 Henri IV, né en 1553, mort en 1610.

3) *Voir la note* page 13.

M. FRANQUE (PIERRE), d'après un tableau du temps.

101 — Philippe de France (1) (*Monsieur*), duc d'Orléans, tenant le médaillon de Marie-Louise d'Orléans (2), sa fille, depuis Reine d'Espagne.

M. BALTHASAR (CASIMIR DE), d'après Hyacinthe Rigaud.

102 — Philippe d'Orléans (3), duc d'Orléans, Régent du royaume.

M. BADIN (PIERRE-ADOLPHE), d'après un tableau du temps.

103 — Louis d'Orléans (4), duc d'Orléans.

M. WACHSMUT (A.), d'après Alexandre Roslin.

104 — Louis-Philippe d'Orléans (5), duc d'Orléans.

M. BOULANGER (LOUIS), d'après Josué Reynolds.

105 — Louis-Philippe-Joseph d'Orléans (6), duc d'Orléans.

SALON DE VÉNUS.

Entrée par le Salon de Mars.

Plafond, par François Lemoyne. — Junon empruntant la ceinture de Vénus.

(1) *Voir la note* page 6.

(2) Marie-Louise d'Orléans, fille aînée de Philippe de France (*Monsieur*), duc d'Orléans, et de Henriette-Anne d'Angleterre, sa première femme, née en 1662, mariée en 1679 à Charles II, roi d'Espagne ; morte en 1689.

(3) *Voir la note* page 17.

(4) Louis d'Orléans, né en 1703, mort en 1752.

(5) Louis-Philippe d'Orléans, né en 1725, mort en 1785.

(6) Louis-Philippe-Joseph d'Orléans, né en 1747, mort en 1793.

Deux dessus de porte, par Jean Nocret. — 1º La Paix.
— 2º La Science.

106 — Philippe de France (1), duc d'Anjou, déclaré
Roi d'Espagne (Philippe V) (16 novembre 1700).

Tapisserie faite aux Gobelins, d'après
le tableau du baron Gérard.

107 — « La naissance de la Reine (2). » — « Junon
» Lucine, déesse des accouchemens, met la jeune
» Princesse entre les mains de la ville de Florence,
» qui la reçoit tendrement entre ses bras, et dont
» elle admire les grandes destinées; ce qui est ex-
» primé par un génie qui tient une corne d'abon-
» dance, d'où sortent les marques de la royauté.
» Sur le devant du tableau, est le fleuve d'Arno,
» accompagné des simboles qui le font connoître;
» et le Sagittaire qui est en haut dénote le tems
» de la naissance de la Reine (3). »

Tapisserie faite aux Gobelins,
d'après le tableau de Rubens.

108 — « Henri IV (4) délibère sur son futur mariage.»
« Jupiter et Junon ayant consulté ensemble sur
» le mariage du Roy, et luy ayant inspiré le chois

(1) Philippe de France, second fils de Louis de France,
Dauphin (*le Grand Dauphin*), et de Marie-Anne-Christine-
Victoire de Bavière, né en 1683, mort en 1746.

(2) Marie de Médicis, Reine de France et de Navarre,
fille aînée de François-Marie de Médicis, Iᵉʳ du nom, grand-
duc de Toscane, et de Jeanne d'Autriche, née en 1575, mariée en 1600 à Henri IV, Roi de France et de Navarre;
morte en 1642.

(3) Cette explication et celles des onze tapisseries sui-
vantes, sont tirées de l'ouvrage intitulé : *La Galerie du
Palais du Luxembourg, peinte par Rubens, dessinée par
les sieurs Nattier, et gravée par les plus illustres graveurs
du temps*. 1710.

(4) *Voir la note* page 19.

» de son épouse, l'Hymenée lui en apporte le por-
» trait, et l'Amour fait observer à ce monarque
» tous les traits de la beauté dont on voit qu'il est
» épris : Et pendant que la France le sollicite à la
» conclusion, deux amours se saisissent de son
» casque et de son bouclier, comme pour lui ôter
» les instrumens de la guerre et pour laisser jouir
» le royaume d'une longue paix. »

Tapisserie faite aux Gobelins,
d'après le tableau de Rubens.

109 — « Le Mariage de la Reine (1). » — « Le grand-
» duc Ferdinand (2) épouse la Princesse en vertu
» de la procuration du Roy Henri IV, que Belle-
» garde (3), grand-écuier de France, lui avoit ap-
» portée. Dossat (4) et Silleri (5) avoient négotié
» ce mariage, et le cardinal Aldobrandin (6), lé-
» gat du pape, en fait la cérémonie dans l'église
» de Santa Maria del Fiore. L'Hymenée porte la
» queue à la Reine, qui est accompagnée de la
» grande-duchesse (7) et des principales dames

(1) *Voir la note* page 21.

(2) Ferdinand Ier de Médicis, grand-duc de Toscane, né en 1549, mort en 1609.

(3) Roger de St-Lary et de Termes, depuis duc de Belle-garde, né en 1562, mort en 1646.

(4) Arnaud d'Ossat, cardinal, né en 1536, mort en 1604.

(5) Nicolas Brulart, marquis de Sillery, président au par-lement de Paris, ambassadeur extraordinaire près la cour de Rome, depuis chancelier de France, né en . . . . ., mort en 1624.

(6) Pierre Aldobrandini, légat du pape Clément VIII au-près de Henri IV, né en . . . ., mort en 1621.

(7) Christine de Lorraine, grande-duchesse de Toscane, femme de Ferdinand de Médicis, Ier du nom, grand-duc de Toscane, tante de Marie de Médicis, née en . . . ., morte en 1636.

» de sa cour : Et de l'autre côté est la noblesse
» françoise qui avoit suivi le marquis de Sil-
» leri, ambassadeur. »

Tapisserie faite aux Gobelins,
d'après le tableau de Rubens.

110 — Portrait en pied de Marie de Médicis (1) sous la figure de Bellone.

Tapisserie faite aux Gobelins,
d'après le tableau de Rubens.

SALON DE MINERVE.

Plafond par Antoine Coypel. — Le Triomphe de la Vérité. — « Minerve découvre la Vérité ; Saturne » menace avec sa faux l'Ignorance et le Men- » songe, qui prennent la fuite. »

Dessus de porte, par Jean Nocret. — 1° La Justice. — 2° La Gloire. — 3° Les muses Calliope, Clio et Euterpe.

111 — «La ville de Lyon va au-devant de la Reine (1).»
« Cette ville, sous une figure de femme, est dans
» un char tiré par des lions qui sont ses sim-
» boles, que deux amours conduisent. Elle re-
» garde en haut et admire les nouveaux mariez
» qui sont dans le ciel sous les formes de Jupiter
» et de Junon, le peintre faisant en cela allusion à
» la devise que la Reine choisit en 1608, dont le
» corps étoit une Junon apuyée sur un paon, avec
» ces mots : VIRO PARTUQUE BEATA. Derrière eux est
» l'Hymenée et les amours, qui portent des flam-
» beaux. »

Tapisserie faite aux Gobelins,
d'après le tableau de Rubens.

(1) *Voir la note* page 21.

112—«L'accouchement de la Reine (1).»—«La Reine,
» qui vient de mettre au monde Louis XIII (2),
» le regarde d'un amour maternel qui change en
» joye toutes les douleurs de l'enfantement. D'un
» côté la Justice donne ce nouveau Prince en
» garde au Génie de la Santé, et de l'autre est la
» Fécondité qui, dans sa corne d'abondance, fait
» voir les cinq autres enfans qui doivent naître
» de la Reine. Le Soleil, dans son char, prend sa
» course en haut et donne à connoître par là que
» l'accouchement arriva le matin ; et la constella-
» tion de Castor, qui est en haut, marque qu'il fut
» heureux. »

Tapisserie faite aux Gobelins,
d'après le tableau de Rubens.

113—«Le Roy (3) part pour la guerre d'Allemagne.»
« Le Roy Henri IV, avant d'aller en Allema-
» gne pour secourir les marquis de Brande-
» bourg (4) et de Neubourg (5), et les mettre en
» possession de Cleves et de Juliers, donne à la
» Reine (1) le gouvernement de son royaume.
» Entre eux deux est le Dauphin (6), qui depuis
» fut Louis XIII. Du côté du Roy sont les offi-
» ciers de son armée sous les armes, qui atten-

(1) *Voir la note* page 21.

(2) *Voir la note* page 13.

(3) *Voir la note* page 19.

(4) Jean Sigismond, margrave de Brandebourg, né en
1572, mort en 1619.

(5) Philippe-Louis (fils aîné de Wolfgang, duc des Deux-
Ponts), né en 1547, duc de Neubourg en 1560, mort en
1614.

(6) *Voir la note* page 13.

» dent Sa Majesté pour la suivre; et du côté de la
» Reine sont la Prudence et la Générosité. »

Tapisserie faite aux Gobelins,
d'après le tableau de Rubens.

114. — «La Reine (1) prend le parti de la paix.»—«La
» Reine tient conseil à Angers avec les cardinaux
» de la Valette (2) et de la Rochefoucaut (3), le
» dernier fait signe à cette Princesse de prendre
» le rameau d'olive que lui présente Mercure, et
» la porte à faire la paix avec le Roy (4) qui avoit
» envoyé des députez pour travailler à un accom-
» modement. Le cardinal de la Valette, au con-
» traire, lui retient le bras et donne à connoître
» par là, qu'il est d'avis que la Reine soutienne
» ses interests par les armes. Auprès de la Reine
» est la Prudence, qui lui suggère de se tenir sur
» ses gardes. »

Tapisserie faite aux Gobelins,
d'après le tableau de Rubens.

SALON DE MERCURE.

Plafond, voussures et dessus de porte par **M. Jean Alaux.**

Plafond. — Mercure et Pandore.

A droite et à gauche du Plafond. — Des génies portent les attributs de Mercure.

Voussures. — 1° Noces de Thétis et de Pelée. —2° As—

(1) *Voir la note* page 21.

(2) Louis de Nogaret de la Valette-Espernon, archevêque de Toulouse, depuis lieutenant-général des armées du Roi, né en 1592, mort en 1639.

(3) François de la Rochefoucauld, évêque de Senlis, grand aumônier de France, né en 1558, mort en 1645.

(4) *Voir la note* page 13.

semblée des Dieux. — 3° Mercure remet la pomme
à Pàris. — 4° Jugement de Pàris.

Dessus de porte. — 1° La Prudence. — 2° La Force.

115. — « Le Tems découvre la vérité.» — « Le pein-
» tre voulant faire voir que la mésintelligence
» qui avoit été entre Louis XIII (1) et Marie de
» Médicis (2), sa mère, ne venoit que des faux
» avis, a représenté dans ce tableau le Tems qui
» découvre la Vérité, pendant que le Roy et la
» Reine qui avoient été surpris par la malice des
» hommes, se réconcilient à la face du ciel. »

Tapisserie faite aux Gobelins,
d'après le tableau de Rubens.

116. — « La Reine (2) s'enfuit de la ville de Blois.» —
« Parmi tous ces tableaux, la Reine voulut qu'il
» y en eût quelqu'un qui donnât des marques à la
» postérité de sa mauvaise fortune. C'est pour
» cela qu'elle fit peindre dans celui-cy, sa fuite
» de Blois, lorsqu'elle fut contrainte de se sauver
» par la fenètre du château. Sa Majesté est accom-
» pagnée de Minerve, et escortée du duc d'Éper-
» non (3) qui l'attendoit avec quelques gens armez :
» et pour ne laisser aucun doute de cette action,
» le peintre fait voir une femme de chambre qui
» suit la Reine et descend actuellement. »

Tapisserie faite aux Gobelins,
d'après le tableau de Rubens.

117. — « Le voyage de la Reine (2) au Pont de Cé.»
« La Reine à cheval, le casque en tète comme

(1) *Voir la note* page 13.

(2) *Voir la note* page 21.

(3) Jean-Louis de Nogaret de La Valette, colonel-général
de l'infanterie française, amiral de France, gouverneur de
Provence, etc., né en 1554, mort en 1642.

» une autre Bellone, va prévenir une guerre ci-
» vile qui se préparoit par les tumultes du Pont de
» Cé. Cette Princesse est accompagnée de la Vic-
» toire et de la Renommée qui sont en l'air, et de la
» Force qui la suit à pied avec son lion. Le fond
» du tableau est la ville du Pont de Cé, et au des-
» sus de la ville, on voit un aigle qui poursuit des
» oiseaux de rapine : allégorie qui signifie l'atten-
» tion qu'avoit la Reine à dissiper les ennemis de
» l'État. »

Tapisserie faite aux Gobelins,
d'après le tableau de Rubens.

118 — « La conclusion de la paix. » — « La Reine (1)
» ayant accepté le parti de s'accommoder avec le
» Roy (2), est conduite par Mercure au temple de la
» Paix : l'Innocence l'y pousse, et la Paix sur le
» devant du tableau brûle les instrumens de la
» guerre, pendant que la Fraude, la Fureur et
» d'autres semblables vices veulent s'opposer aux
» bons desseins de la Reine et font un dernier ef-
» fort dans le transport de leur désespoir. »

Tapisserie faite aux Gobelins,
d'après le tableau de Rubens.

119 — « La destinée de la Reine (1). » — « Les Par-
» ques filent la vie de la Reine sous l'heureuse
» constellation de Jupiter. Près du maître des
» Dieux est Junon, déesse des accouchemens,
» qui veut assister à la naissance de la princesse
» pour la rendre digne de tous les hommes. »

Tapisserie faite aux Gobelins,
d'après le tableau de Rubens.

(1) *Voir la note* page 21.

(2) *Voir la note* page 13.

SALON DE L'AURORE.

Plafond par Nicolas-Pierre Loir. — Le lever de l'Aurore.

APPARTEMENTS DU ROI.

Vestibule du Roi donnant sur le salon de l'Aurore et sur l'escalier de la Reine.

M. CABAT (LOUIS).

120 — Vue de l'étang de Ville-d'Avray.

M. TRIQUETI (HENRI DE).

121 — Valentine de Milan (1) et Charles VI (2).

BERTIN (JEAN-VICTOR).

122 — Vue de la ville d'Olevano, dans la Sabine.

M. DUBUFE (CLAUDE-MARIE).

123 — Jeune Alsacienne; étude.

M. TOURNIER.

124 — Fruits, oiseaux et bas-reliefs.

DUNOUY (ALEXANDRE-HYACINTHE).

125 — Vue de Naples, prise auprès de Capo di Monte.

M. BOUQUET (MICHEL).

126 — Paysage. — Effet de soleil couchant.

M. OLAGNON (PIERRE-VICTOR).

127 — Des sœurs hospitalières.

(1) Valentine de Milan, duchesse d'Orléans, née en ...., morte en 1408.

(2) Charles VI, Roi de France, né en 1368, mort en 1422.

M. PERROT (ANTOINE).

128 — Vue de la place *dei Signori*, à Vicence.

Mme BRUNE (AIMÉE), née PAGÈS.

129 — L'enlèvement.

Salon de service.

M. GUÉ (OSCAR).

130 — L'Église de Saint-Pierre, à Gênes.

M. PERROT (ANTOINE).

131 — Le baptistère de Pise.

M. WATELET (LOUIS-ÉTIENNE).

132 — Vue générale de la ville de Rouen, prise de
la montagne de Bonsecours.

Mlle COLLIN (L.).

133 — Arrestation de Thomas Morus (1).

M. DAGUERRE (LOUIS-JACQUES-MANDÉ).

134 — Intérieur d'une chapelle de l'église des Feuil-
lants, à Paris.

Salle du Conseil.

MILLIN DU PERREUX (ALEXANDRE-LOUIS-ROBERT).

135 — Vue du château de Pau.

DANVIN (MARIE-FÉLIX-VICTOR).

136 — Paysage.

FORBIN (le comte de).

137 — Vue intérieure du cloître Saint-Sauveur,
à Aix (Provence).

(1) Thomas Morus, membre du parlement d'Angleterre
et du conseil privé, trésorier de l'échiquier, grand chancelier d'Angleterre, né en 1480, mort en 1535.

M. le comte **TURPIN DE CRISSÉ.**

138 — Le chasseur de l'Apennin.

CHAUVIN.

139 — Vue de la Rufinella (États Romains).

M. JUSTIN–OUVRIÉ.

140 — Vue du grand canal à Venise.

APPARTEMENTS DE LA REINE.

Escalier de la Reine.

Deux bas-reliefs en pierre, par Jacques-Philippe Lesueur, ancien pensionnaire du Roi à Rome, et depuis
membre de l'Institut :

1° Hippomène et Atalante. — 2° Fête de Flore.

Vestibule.

M. GAYRARD père.

141 — L'Amour ; statue en marbre.

PIGALLE (JEAN-BAPTISTE).

142 — Narcisse ; statue en marbre.

TAUNAY (NICOLAS-ANTOINE).

143 — Trait de courage du jeune Guillot. — «Dans
» le courant de septembre 1798, le jeune Guillot,
» âgé de 12 ans, fils d'un gendarme à la résidence
» de Saint-Pol-de-Léon (Finistère), sauve deux
» enfants de son âge qui étaient venus se baigner,
» et que la mer emportait. »

DUNOUY (ALEXANDRE-HYACINTHE).

144 — Vue du palais et du parc de Saint-Cloud.

M. BIDAULD (JOSEPH-XAVIER).

145 — Vue d'une cascade de l'Isola di Sora (royaume de Naples).

M. GENOD (MICHEL).

146 — Mariage de deux Bressans, béni par leur aïeul.

BOGUET (DIDIER).

147 — Paysage historique. — La Reine Audouère, première femme de Chilpéric Ier, roi des Francs, est précipitée dans un torrent par ordre de Frédégonde.

M. ADELUS (JEAN-BAPTISTE).

148 — Vue du mont Saint-Michel, côtes de Normandie.

M. JOLLIVET (JULES).

149 — Une guérilla.

M. FOUQUET (LOUIS-VICTOR).

150 — Les singes savants.

M. CHAMPMARTIN (ÉMILE).

151 — Halte en Palestine en 1825.

Salon de service.

M. le vicomte de **BARDE.**

152 — Des minéraux ; aquarelle.

153 — Des coquillages ; aquarelle.

154 — Le grand tigre royal étouffé par un serpent ; aquarelle.

155 — Des vases antiques ; idem.

156 — Des oiseaux ; idem.

157 — Des oiseaux étrangers ; idem.

VAN SPAENDONCK (d'après).

158 — Fleurs et fruits sur porcelaine.

Copie faite en 1784 à la manufacture royale de Sèvres.

1er *Salon.*

M. REGNY (ALPHÉE DE).

159 — Vue de Naples.

M. RICHARD (FLEURY-FRANÇOIS).

160 — Marie-Félice des Ursins (1), duchesse de Montmorency, au monastère de la Visitation, à Moulins.

M. GUINDRAND.

161 — Vue d'un canal en Belgique.

M. FONTENAY.

162 — Maison rustique.

LATTEUX (EUGÈNE).

163 — La cathédrale de Milan.

M. RICHARD (FLEURY-FRANÇOIS).

164 — Jeanne d'Arc (2) consulte l'ermite de Vaucouleurs.

(1) Veuve de Henri de Montmorency, IIe du nom, duc de Montmorency, amiral et maréchal de France, née en 1660, morte en 1666.

(2) Jeanne d'Arc, dite la Pucelle d'Orléans, née en 1410, morte en 1431.

LAURENT (J.-A.).

165 — L'enfance de Duguesclin (1). — « Un jour sa
» mère (2), désolée de son indocilité, allait le
» punir, lorsqu'elle en fut détournée par une re-
» ligieuse de ses amies, qui, savante dans l'art
» de la divination, fit approcher le jeune Du-
» guesclin, examina sa physionomie, ses traits et
» ses mains, et prédit à sa mère qu'il serait le
» plus grand personnage de son siècle. »

M. GRANET (FRANÇOIS-MARIUS).

166 — Prise d'habit d'une jeune fille d'Albano.

M. LAPITO (LOUIS-AUGUSTE).

167 — Vue prise près le château Gaillard, en Normandie.

Mme HERSENT (LOUISE), née MAUDUIT.

168 — Visite de Sully (3) à la Reine Marie de Médicis (4), le lendemain de la mort de Henri IV (5).

M. COUPIN DE LA COUPRIE (MARIE-PHILIPPE).

169 — Valentine de Milan (6) devant le tombeau
du duc d'Orléans (7).

(1) Bertrand Duguesclin, depuis connétable de France,
duc de Molines et de Transtamare en Castille, etc., né
vers 1314, mort en 1380.

(2) Jeanne de Malesmains, dame de Sens; femme de
Robert Duguesclin.

(3) Maximilien de Béthune, Ier du nom, duc de Sully, grand-
maître de l'artillerie, principal ministre, depuis maréchal de
France, né en 1559, mort en 1641.

(4) *Voir la note* page 21.

(5) *Voir la note* page 19.

(6) *Voir la note* page 28.

(7) Louis de France, duc d'Orléans, Ier du nom, comte de
Valois, etc., pair de France, surintendant des finances et
gouverneur du royaume, né en 1371, mort en 1407.

M. GUDIN (THÉODORE).

170 — Vue prise au large du port de Lorient.

M. LAPITO (LOUIS—AUGUSTE).

171 — Souvenirs des environs du lac Majeur, côté de la Suisse italienne.

M. COTTRAU (FÉLIX).

172 — Promenade de nuit à Venise.

RÉVOIL (PIERRE).

173 — Geoffroi de La Tour. — Le chroniqueur rapporte « que ce héros de la première croisade, » ayant délivré un lion des étreintes d'un énorme » serpent, l'animal reconnaissant ne voulut plus » quitter son libérateur. Un matin, au point » du jour, les musulmans s'étant avancés pour » s'emparer d'un défilé, entre Ptolémaïs et Cal- » phas, découvrirent avec effroi le nouvel Andro- » clès endormi sur son lion fidèle, et environné » de ses braves compagnons d'armes, Montmo- » rency, Castel-Briant et Damas. »

2e Salon.

M. BIARD (FRANÇOIS).

174 — Le désert.

Salon de passage donnant sur le parc fermé.

VERNET (CLAUDE-JOSEPH).

175 — La nuit sur terre. — Le feu d'artifice.

176 — Le soir sur terre. — Le retour des pêcheurs.

177 — Le coup de vent. — L'orage sur terre.

178 — La tempête. — L'orage sur mer.

179 — Le matin sur terre.—Le départ des pêcheurs.

180 — Le soir à la mer. — L'entrée dans le port.

181 — La nuit à la mer. — La promenade.

182 — Le matin sur terre. — Le départ pour la pêche.

APPARTEMENTS DE S. A. R. MADAME LA DUCHESSE D'ORLÉANS.

Entrée par le vestibule de l'escalier du Roi.

Vestibule.

M. TANNEUR.

183 — Vue de la rade de Toulon.

M. WATELET (LOUIS-ÉTIENNE).

184 — Paysage.

M. BIDAULD (JOSEPH-XAVIER).

185 — Paysage avec chute d'eau.

BERTIN (JEAN-VICTOR).

186 — Vue de la ville de Phœnos et du temple de Minerve.

SPAYEMANT (N.).

187 — Paysage.

M. GARNERAY (LOUIS).

188 — La pêche.

Salon de Service.

Dessus de porte en grisailles. — 1° Le triomphe. — 2° Le jeu de l'arc, par Sauvage. — 3° Le sacrifice, par M. Jean Alaux.

M. BOUROT (ÉTIENNE).

189 — Intérieur de la chapelle de la Vierge dans l'église Saint-Sulpice.

M. DE DRÉE (ADRIEN).

190 — Vue du lac d'Annecy en Savoie.

Cabinet.

Deux dessus de porte en grisailles. — Minerve et Uranie.

Chambre à coucher.

M. FRANQUE (PIERRE), d'après Pierre Mignard.

191 — Henriette-Anne d'Angleterre (1) (*Madame*), duchesse d'Orléans.

M. FRANQUE (PIERRE), d'après Hyacinthe Rigaud.

192 — Elisabeth-Charlotte de Bavière (2), duchesse d'Orléans.

Chambre de S. A. R. Madame la duchesse d'Orléans.

Deux dessus de porte. — 1° l'Aurore. — 2° Diane, par Jean Gassies.

(1) Henriette-Anne d'Angleterre, deuxième fille de Charles Ier, roi d'Angleterre, d'Écosse et d'Irlande, et de Henriette-Marie de France, née en 1644, mariée en 1661, à Philippe de France (*Monsieur*), duc d'Orléans, morte en 1670.

(2) *Voir la note* page 15.

Cabinet.

Dessus de porte. — Deux muses, par Sauvage.

REZ-DE-CHAUSSÉE.

**APPARTEMENTS DE S. A. R. MADAME LA PRINCESSE
ADÉLAIDE D'ORLÉANS.**

Vestibule.

M. PRADIER.

193 — Cyparisse ; statue en marbre.

M. SEURRE (ÉMILE).

194 — Léda ; statue en marbre.

Salon de service.

BERTIN (JEAN-VICTOR).

195 — Vue prise dans les Apennins sur l'ancienne
voie Valérie. — On aperçoit un temple dédié à
Minerve Médica, et la petite ville de ce nom. Un
groupe de Romains dépose des couronnes sur le
tombeau d'Atticus.

Mme EMPIS.

196 — Le cap Rosso, en Corse.

M. RÉGNIER (AUGUSTE).

197 — Une forêt.

Salon.

M. GARNEREY (HIPPOLYTE).

198 — Restes de l'église des Augustins, à Rouen.

M. SAGLIO (CAMILLE).

199 — Vue prise dans l'Oberland.

Mme HAUDEBOURT-LESCOT.

200 — Vœu à la Madone, pendant un orage.

VAN SPAENDONCK (GÉRARD).

201 — Des fleurs.

M. GIGOUX (JEHAN).

202 — Laure et Pétrarque.

GIORGION (GIORGIO BARBARELLI, dit le). (*École véni-tienne.*)

203 — Le chevalier Bayard (1).

Cabinet.

M. LAPITO (LOUIS-AUGUSTE).

204 — Vue de Suisse.

VAN SPAENDONCK (CORNEILLE).

205 — Des fleurs.

M. LECOMTE (HIPPOLYTE).

206 — Marie Stuart (2) s'échappant du château de Lochleven.

(1) Pierre du Terrail, seigneur de Bayard, dit *le cheva-lier sans peur et sans reproche*, fils d'Aimoin du Terrail et d'Hélène Aleman de Laval, né en 1476, mort en 1524.

(2) Marie Stuart, Reine de France et d'Écosse, née en 1542, morte en 1587.

VERNET (ANTOINE-CHARLES-HORACE, dit CARLE).

207 — Départ pour la chasse.

M. VAN DER BURCH (JACQUES-HIPPOLYTE).

208 — Paysage.

M. VAN DER BURCH père (ÉMILE).

209 — Paysage ; site composé.

M. DUCIS (LOUIS).

210 — La Musique.
211 — La Poésie.
212 — La Sculpture.
213 — La Peinture.

CHAPELLE.

Les grisailles des voussures ont été peintes par Sauvage.

Les sculptures des archivoltes sont de Deschamps.

Le bas-relief du maitre-autel a été sculpté par Jacques-Philippe Lesueur, ancien pensionnaire du Roi à Rome, et depuis membre de l'Institut.

DEUXIÈME ÉTAGE.

APPARTEMENTS DE S. A. R. Mgr. LE DUC DE NEMOURS.

Chambre à coucher.

M. GRANET (FRANÇOIS-MARIUS).

214 — Vue intérieure du Colysée.

M. BRUNE (CHRISTIAN).

215 — Glacier et chute d'eau en Suisse.

M. VINIT (LÉON).

216 — Vue de la cathédrale de Palerme.

Salon de service.

M. DAUZATS (ADRIEN).

217 — La tente de Kaïd-Aly (province de Constantine).

On y voit le Kaïd-Aly, cheik des Haractas, et El-Mokrani, cheik de la Medjiana.

M. CONSTANTIN (JEAN-ANTOINE).

218 — Paysage ; ermitage.

219 — Vue de Marseille, prise du vallon des Eygalades.

M. LEMASLE.

220 — Une tireuse de cartes ; souvenir de Naples.

Salon.

M. DAUZATS (ADRIEN).

221 — La Giralda de Séville.

M. RÉMOND (CHARLES).

222 — Vue prise aux environs d'Appignano, à vingt milles d'Ancône.

M. DUPRESSOIR (JOSEPH-FRANÇOIS).

223 — Vue générale d'Édimbourg, près Kinghorn.

M. GUIGNET (ADRIEN).

224 — Cambyse et Psamménite.

Mme HAUDEBOURT-LESCOT.

225 — Scène d'inondation.

**APPARTEMENTS DE S. A. R. Mgr. LE PRINCE
DE JOINVILLE.**

Salon.

M. ALIGNY (THÉODORE).

226 — Vue prise à Amalfi (golfe de Salerne).

FORBIN (le comte de).

227 — Cloître de Santa-Maria Novella, à Florence.

M. BRUNE (CHRISTIAN).

228 — Vue prise dans les Alpes.

M. MAYER (AUGUSTE).

229 — L'*Océan*, vaisseau de 120 canons, désarmé
au port de Brest.

M. MERCEY (FRÉDÉRIC).

230 — Paysage ; lisière d'une forêt.

M. FRANQUE (PIERRE).

231 — Chapelle d'une église, à Naples.

TABLE ALPHABÉTIQUE

DES ARTISTES

DONT LES OUVRAGES SONT PLACÉS DANS LES APPARTEMENTS

DU PALAIS DE SAINT-CLOUD.

——

www.ingramcontent.com/pod-product-compliance
Ingram Content Group UK Ltd.
Pitfield, Milton Keynes, MK11 3LW, UK
UKHW021713130726
13696UKWH00004B/1801

Z 8°
LE SENNE
0846